Jung, mitten im Leben und Mitglied bei Inner Wheel

Dank

Meinen Inner Wheel Freundinnen Dr. Mechtild Brüggestrat, Elisabeth Dörner, Christin Lens, Britta Trumann und Elke Weinhold danke ich sehr für ihre Vorträge im Rahmen der 65. Distriktkonferenz am 06. November 2010 in Berlin und ihr freundliches Einverständnis zum Abdruck in diesem Buch.

Jung, mitten im Leben und Mitglied bei Inner Wheel

5 Stellungnahmen "Junger Mitglieder" des 89. Distrikts von International Inner Wheel

Herausgeberin: Luzia Hagenmüller

Das Buch

Fünf junge, mitten im Leben stehende Mitglieder in Inner Wheel Clubs des 89. Distrikts von International Inner Wheel berichten ausgehend von ihrer Lebenssituation über ihre Motivation, Erfahrungen und Wünsche hinsichtlich Inner Wheel.

Die Herausgeberin

Luzia Hagenmüller, Distriktpräsidentin 2010-2011 des 89. Distrikts von International Inner Wheel und Präsidentin 2007-2008 vom Inner Wheel Club Hamburg.
Sie hat bis zur Geburt ihrer vier Kinder als Lehrerin gearbeitet, um sich dann ganz dem „Familien-Management" zu widmen. Nachdem ihre Kinder erwachsen waren, übte sie diverse Ehrenämter aus bis zu ihrem heutigen Engagement für Inner Wheel.
Mehrere Städte waren ihre Wohnorte. Deshalb hat das Zitat von Kurt Tucholsky **„Freundschaft – das ist wie Heimat"** für ihr Leben eine besondere Bedeutung. Sie wählte es als Motto für ihr Distriktpräsidentinnen-Jahr.

Inhaltsverzeichnis

Luzia Hagenmüller
Distriktpräsidentin 2010 - 2011
International Inner Wheel, Distrikt 89

Freundschaft – das ist wie Heimat (Kurt Tucholsky)

Einführung

Ein Tagesordnungspunkt bei der 65. Distriktkonferenz des 89. Distrikts von **International Inner Wheel** am 06. November 2010 in Berlin war:

Junge Mitglieder bei Inner Wheel

Damit Inner Wheel in der Zeit bleibt und den Charme eines Generationen übergreifenden Frauen-Clubs behält, ist die Aufnahme jüngerer Frauen von großer Bedeutung.

Oft hört man, dass jüngere oder mitten im Leben stehende Frauen wenig Interesse an einer Mitgliedschaft in einem Service-Club wie **Inner Wheel** hätten. Einerseits ließen ihnen Familie und/oder Berufstätigkeit keine Zeit für eine regelmäßige Teilnahme am Clubleben. Andererseits böten die neuen Kommunikationsformen starke Anreize, die in großer Konkurrenz zu einem traditionellen Clubleben stünden.

Man darf sich schon die Frage stellen, was interessiert jüngere, mitten im Leben stehende Frauen im Zeitalter von Facebook, Twitter und ähnlichen virtuell gepflegten Freundeskreisen und Netzwerken an **Inner Wheel**? Immerhin lässt sich die innerwheelische Freundschaft nicht mal eben am Laptop pflegen.

Inner Wheel bietet nicht das Business-Netzwerk, wie andere Frauenclubs oder die Rotarier das tun. Dennoch gibt es viele hoch qualifizierte Frauen bei Inner Wheel. Frauen, die im beruflichen und sozialen Umfeld verantwortungsvolle Aufgaben erfüllen. Nicht wenige sind promoviert oder gar habilitiert.

Was also ist an **Inner Wheel** attraktiv?

Vielleicht, dass man den Egoismen, die in der heutigen Zeit nicht nur in der Berufswelt sondern auch im privaten Leben immer mehr Einzug halten, ein Stück weit entkommen kann.

Bei **Inner Wheel** wird nicht nach Einkommen, Einfluss oder messbarer Leistung beurteilt, auch nicht nach gesellschaftlicher Stellung – wohl aber nach gesellschaftlichem Engagement miteinander und füreinander.

Dies kann sich bereits bei wenig spektakulären Handlungen zeigen, wie bei gemeinsamen Vorbereitungen für Wohltätigkeits-Veranstaltungen oder dem weihnachtlichen Besuch eines Altenheims, um mit den Bewohnern zu reden und Kaffee zu trinken. Es wird aber auch sichtbar bei der Unterstützung von internationalen Ausbildungs-Projekten wie dem aktuellen **International Inner Wheel** Projekt „ Education for Girls in Bolivia"

Bei **Inner Wheel** sind gelebte Werte wie Freundschaft, Hilfsbereitschaft, Mitgefühl, Respekt und Toleranz von großer Bedeutung und zwar über den eigenen Club hinaus, über das eigene Land hinaus – global. Dieser Herausforderung wollen wir Inner Wheelerinnen uns stellen.

Fünf junge, mitten im Leben stehende Mitglieder in **Inner Wheel Clubs** des 89. Distrikts von **International Inner Wheel** haben bei der 65. Distriktkonferenz über ihre Motivation, Erfahrungen und Wünsche hinsichtlich **Inner Wheel** berichtet. Ihre Ausführungen finden sich auf den folgenden Seiten.

Dr. Mechtild Brüggestrat
Präsidentin 2010 - 2011
IWC Hamburg-Süd

Freundschaften ohne Allüren

Mein Name ist Mechtild Brüggestrat. Ich bin 53 Jahre alt, verheiratet und habe zwei Kinder im Alter von 16 und 19 Jahren. Ich habe Wirtschaftswissenschaften studiert und promoviert und habe viele Jahre als Geschäftsstellen-Leiterin eines Wirtschafts-Beratungsunternehmens gearbeitet. Mit unserem Umzug nach Hamburg im Jahre 2001 veränderte sich meine berufliche Ausrichtung und ich habe eine Ausbildung als Heilpraktikerin abgeschlossen und bin seit vier Jahren als selbständige Heilpraktikerin mit eigener Praxis in Hamburg-Heimfeld tätig.
Im Alter von 45 Jahren bin ich in den Inner Wheel Club Hamburg-Süd eingetreten. Ich war bereits Sekretärin, 3 Jahre Schatzmeisterin und bin zurzeit die Präsidentin. Der IWC Hamburg-Süd umfasst 46 Mitglieder und hat eine sehr breit gefächerte Struktur mit vielen jungen Inner Wheelerinnen. Die Älteste ist 89 und die Jüngste 38 Jahre alt, 40 % der Mitglieder sind unter 60.
Was hat mich an Inner Wheel interessiert und motiviert?
Als ich 2001 mit meiner Familie aus dem Ruhrgebiet nach Hamburg zog und in dem Rotary Club meines Mannes heimisch wurde, stellte ich fest, dass sich das Clubleben anders gestaltete als ich es bisher gewohnt war. Die mir bekannte Struktur aus dem Rotary Club Gelsenkirchen-Nord, die durch eine enge

Zusammenarbeit der rotarischen Männer und ihren Frauen gekennzeichnet war, d.h. gemeinsame Märkte, Waffelbacken, Altenheimbesuche etc. war hier in Hamburg nicht so anzutreffen. Da ich mich in der Vergangenheit sehr gerne sozial engagiert habe, war mein Interesse sehr groß, den IWC Hamburg-Süd näher kennen zu lernen und 2003 Mitglied zu werden. Somit war für mich ein wesentlicher Grund das Interesse an sozialem Engagement für Bedürftige.
Ein weiterer Aspekt ist die Freundschaft. Als ich 2001 in die wunderbare Stadt Hamburg zog, kannte ich hier Niemanden und so war Inner Wheel durch das Schließen neuer Freundschaften eine sehr wertvolle Bereicherung. Das sehr reizvolle und umfängliche Angebot an gemeinsamen Aktivitäten und die sehr offene Aufnahme im Club boten viele Möglichkeiten, Freundinnen zu finden. Bereits auf der ersten Clubreise wurde mir deutlich, dass neben den interessanten Meetings, den gemeinsamen Museumsbesuchen und zahlreichen privaten Einladungen vor allem der Austausch zwischen Alt und Jung, die Generationen übergreifenden Gespräche und die warmherzige Aufnahme besonders auch durch die älteren Inner Wheelerinnen bei mir sehr starke Eindrücke hinterlassen haben und eine schnelle Integration förderten. Die Lebensgeschichten der älteren Freundinnen zu hören, sich damit auseinander zu setzen und die sehr veränderten Lebensentwürfe der älteren und jüngeren Inner Wheelerinnen zu vergleichen, waren eine große Bereicherung und ein lebendiges Stück Frauengeschichte.

Freundschaften ohne Allüren, einfach nur sein ohne Schein, Jede mit Jeder im Gespräch, das schätze ich sehr bei Inner Wheel. Freundschaften und Kontakte, die nicht über den Beruf, den Sport oder die Kinder entstanden sind, sondern unter dem Dach eines gemeinsamen Engagements für Freundschaft, Hilfsbereitschaft und internationale Verständigung, das berührt mich bei Inner Wheel immer wieder.

Gerade für berufstätige Frauen ist Inner Wheel ein Ort, an dem Freundschaften ohne Konkurrenz gepflegt werden, ohne beruflichen Anknüpfungspunkt. Nach einem langen Tag kann man sich fallen lassen und den beruflichen Stress hinter sich lassen, es zählt das Menschliche und die entspannte Atmosphäre und die Freude an gemeinsamen Aktivitäten.

In der Vorbereitung auf diesen Vortrag ist mir immer deutlicher geworden, dass die Gründe sich bei Inner Wheel zu engagieren sehr vielfältig sind und es für jeden Club sehr wichtig ist, die Freundinnen da abzuholen, wo sie stehen. Dies ist wichtig, um Jede mit zu nehmen und zu integrieren. Auch die Übernahme einer Patenschaft für ein neues Mitglied kann die Integration fördern. Ebenso ist gerade für junge Inner Wheelerinnen sehr wichtig, zügig ein Amt zu übernehmen. Die Ämter sind alle zu meistern, denn mit zu bekommen, wie Inner Wheel lebt und sich anfühlt, das geht am Besten und am Schnellsten durch die Übernahme eines Amtes.

Wie sieht die Zukunft für Inner Wheel aus?

Die Zukunft ist sehr differenziert zu betrachten. Es gibt Clubs in Großstädten wie auch in ländlichen Gebieten, die Probleme haben, Nachwuchs zu finden. Ein

Meeting am Abend ermöglicht sowohl der berufstätigen Frau wie auch der Mutter mit Kindern eine Teilnahme. Darüber hinaus gibt es die Möglichkeit außerordentliche Mitglieder aufzunehmen. An unseren Ständen werden wir häufiger von Frauen angesprochen, die sich für unsere Arbeit interessieren und gerne sozial tätig werden würden, aber keinen rotarischen Hintergrund haben. Ob eine Abkoppelung vom rotarischen Zusammenhang die Zukunft ist, möchte ich hier offen lassen.

Britta Trumann
Präsidentin 2010 – 2011
IWC Stormarn

Berufstätigkeit und 1 Inner Wheel Meeting pro Monat sollten zu schaffen sein!

* Kurze Vorstellung:
  Britta Trumann, IWC Stormarn
  glücklich verheiratet seit 30 Jahren
  1 Tochter: Conny 32 Jahre jung

Im September besuchte Frau Hagenmüller unseren Club in Ahrensburg. Dabei kamen wir auf „Junge Mitglieder" bei Inner Wheel zu sprechen. Natürlich fühlte ich mich geschmeichelt, dass ich hierzu etwas sagen darf. Mit 48 Jahren gehöre ich nun ja schon eher zum „Mittelalter".

Bei mir begann alles "etwas" früher – warum nicht auch meine Mitgliedschaft bei Inner Wheel? Schon kurz nachdem mein Mann Michael 2003 in den Rotary Club Bad Oldesloe aufgenommen wurde, sprach mich die damalige Präsidentin des IWC Stormarn an.
Ich fühlte mich sehr geehrt, bat aber zunächst um Bedenkzeit. Denn: Wenn ich etwas mitmache, mache ich es ordentlich!

Meine damalige und auch heutige berufliche Situation ist eine vierzig Stunden-Woche in einer IT-Unternehmensberatung. Um meinen Arbeitsplatz zu erreichen, verbringe ich zusätzlich <u>mindestens</u> 2 Stunden täglich im Auto. Insgesamt sind von der Woche nun schon 50 Stunden fest verplant. Das besonders Schöne daran ist aber, dass ich mit meinem Mann zusammenarbeite (und das schon seit 23 Jahren!!), so dass wir trotzdem viel Zeit miteinander verbringen.
Mein Entschluss: Berufstätigkeit und 1 Inner Wheel-Meeting pro Monat sollten zu schaffen sein! Außerdem kannte ich bereits durch Rotary viele der Ehefrauen und habe schon hier den besonders herzlichen Umgang miteinander kennen und schätzen gelernt.

So wurde ich im Januar 2004 herzlich in „meinem" Club aufgenommen und genoss sofort die angenehm freundschaftliche, besonders herzliche Atmosphäre.
Schnell merkte ich: Es ist mehr, als nur das Treffen zu den Meetings!

Besonders unsere Basare, die Treffen mit unserem dänischen Freundschaftsclub und der Kleidermarkt bereiten immer wieder fröhliche Stunden.

Auch die gemeinsamen Aktivitäten mit den Rotariern und der Jugendorganisation Rotaract an Stadt- und Kurparkfesten sind zwar zusätzliche Arbeit, bereiten mir aber viel Freude und vertiefen die Freundschaften. Ich kann dabei wunderbar vom Alltag abschalten und abends müde und zufrieden einschlafen! Es ist einfach schön, gemeinsam etwas "auf die Beine" zu stellen und mit dem erwirtschafteten Geld anderen zu helfen!!!

Ich bin ja ehrlich: Es ist schon manchmal bei mir vorgekommen, dass ich nach einem anstrengenden Arbeitstag müde war und nicht wirklich Lust zum Meeting hatte - aber das Pflichtbewusstsein siegte! Und jedes Mal tat es mir so gut.

Nun bin ich fast 7 Jahre in "meinem" Inner Wheel Club Stormarn - davon 5 Jahre mit einem Amt betraut! Zunächst Schatzmeisterin unseres damals neu gegründeten Förderkreises, etwas später zusätzlich Schatzmeisterin des Clubs und in diesem Jahr darf ich als Präsidentin meinen Club durch das Inner Wheel Jahr begleiten.

Mein Motto liegt mir sehr am Herzen:
„Die bestehenden Freundschaften pflegen und vertiefen“. *Dies passt zum Motto unserer Distriktpräsidentin!*

Liebe Frau Hagenmüller, Sie fragten mich auch, was ich für verbesserungswürdig bei Inner Wheel halte! Es ist ganz einfach: Das Inner Wheel Jahr müsste <u>mehr</u> Stunden haben. Ich habe so viele Ideen für "mein Jahr" und die Zeit vergeht viel zu schnell...

Aber ich bin mir sicher: Wenn man etwas plant und auch erreichen möchte, schafft man es auch! Und es bereitet zudem viel Freude und vertieft die Freundschaften.

Christin Lens
Vizepräsidentin 2010 – 2011
IWC Niederelbe

„Keiner kann alles – einige können etwas – gemeinsam erreichen wir das Ziel."

Das ist mein Motto für das nächste Jahr, denn dann werde ich Präsidentin des IWC Niederelbe.

Ich bin Christin Lens, 45 Jahre alt, Hausfrau und seit 20 Jahren mit einem Niederländer verheiratet, der 10 Jahre dem Rotary Club Stade angehört. Gemeinsam haben wir 4 Kinder im Alter von 20, 18, 16 und 11 Jahren.

Vor 6 Jahren, also im Januar 2004 im Alter von 39 Jahren, sprach mich eine Inner Wheelerin auf einer Rotary-Damenfahrt an und erläuterte mir sehr anschaulich die Ziele von Inner Wheel, sie erzählte mir auch über die einzelnen Projekte und die Freundschaft innerhalb des Clubs.

Zum Schluss lachte sie und sagte: „Du weißt, warum ich Dir das alles erzähle? Wenn Du Lust hast, komm doch nächsten Monat zum Meeting!"

Ehrlich gesagt ich hatte vorher noch nichts von Inner Wheel gehört, obwohl mein Mann schon 4 Jahre Mitglied bei Rotary war. Allerdings wollte ich mich weiter sozial engagieren. Kindergarten- und Schularbeit hatte ich mehrere Jahre geleistet, auch eine Kindergruppe der Kirche wurde von mir 2 Jahre geleitet. Die Gemeinschaft gleichgesinnter Frauen, die sich sozial für benachteiligte Menschen einsetzen und dabei noch Spaß und Freude an der Arbeit haben, war eine neue Herausforderung.

Zuerst hatte ich Bedenken. Mein jüngster Sohn sollte eingeschult werden, eine Tochter war noch in der Grundschule und die beiden anderen in der 7. und 8. Klasse. Ab Mittag bis späten Nachmittag war ich für die Kinderbetreuung zuständig, dies bedeutete vor allem Fahrdienste zu Schulveranstaltungen, Sport oder Konfirmandenunterricht etc. und das x 4. Die meisten von uns kennen das, der Tag hat eigentlich zu wenig Stunden!

Trotzdem wollte ich gerne mal ein Meeting besuchen. Mein Mann unterstützte die ganze Sache und so besuchte ich 3 Meetings, bevor ich mich entschloss, dem Club beizutreten.

Von Anfang an wurde ich mit Offenheit und Freundlichkeit empfangen. Es herrscht ein vertrauensvoller, toleranter Umgang miteinander und ich schätze die Hilfsbereitschaft, Freundschaft und das soziale Engagement. Die Erfahrungen der älteren Inner Wheelerinnen stärken das Vertrauen in die eigenen Fähigkeiten und sie stehen bei Fragen immer mit Rat und Tat zur Seite.

In unserem Club entscheidet jeder selbst, wie viel Zeit er für Inner Wheel investieren kann. Bei den Berufstätigen steht der Job an erster Stelle, für Inner Wheelerinnen mit Kindern steht an erster Stelle die Familie, daher können sie teilweise auch nicht an den 3-tägigen Clubausfahrten teilnehmen, was sie sehr bedauern. Auch Ausflüge am Nachmittag oder Besichtigungen sind schlecht zu organisieren.

Bei mir allerdings war das nie ein Thema, da ich 1. meine Mutter vor Ort habe, die jederzeit bereit ist einzuspringen und 2. ist mein Mann ein Allround-

Talent, der neben seiner Arbeit auch die Kinder mehrere Tage versorgen kann und der Haushalt dabei nicht liegen bleibt.

Die Inner Wheelerinnen, die schon länger Mitglied sind, pflegen z. B. die Freundschaft nach innen (gemeinsame Kaminabende, Clubreisen, Unternehmungen) und nach außen (Besuche von Freundschaftstreffen, Clubbesuche und Dinnerwheel). Die jüngeren Mitglieder kommen zu den Meetings und nehmen an verschiedenen Verkaufsveranstaltungen am Vormittag teil, wenn die Kinder im Kindergarten oder in der Schule sind.

Eine Innerwheel-Freundin sagte mir dazu: „ Früher, als meine Mutter bei Inner Wheel einstieg, war es zum Teil einfacher. Man nahm die Kinder einfach mit. Ob zu den Aktivitäten oder gemeinsamen Radtouren war egal. Alle Frauen waren ungefähr im selben Alter und die Kinder kannten sich untereinander."

Heute haben jüngere Inner Wheelerinnen schnell ein schlechtes Gewissen, wenn sie ihre Kinder mitnehmen und es vorher nicht ausdrücklich z.B. im Protokoll erwähnt wird.

Fazit: Sie würden es begrüßen, wenn Kinder öfter dabei sein könnten!

Ein großer Vorteil ist allerdings: 1 x im Monat ein Abendmeeting und nicht wie in anderen Clubs Mittags- und Nachmittagsmeetings.

Uns macht es Spaß, ehrenamtlich Geld zu erwirtschaften, indem wir Hilfsaktionen starten für Menschen in Not. Außerdem interessieren wir uns nicht nur für das nette Miteinander, sondern auch für die interessanten Vorträge, Lesungen und Egoberichte.

Im Laufe der Zeit bekommt man immer mehr Kontakte auch aus anderen Clubs und kann sich austauschen und vielleicht Freundschaften schließen.

Neue, junge Mitglieder könnte man über Rotary und Rotaract werben oder Freundinnen mitbringen und sie als außerordentliches Mitglied aufnehmen. Auf Verkaufsveranstaltungen sollte man interessierte Frauen auf unseren Innerwheel-Flyer hinweisen und sie bei Interesse zu einem Meeting einladen, um sie von unserer Arbeit zu überzeugen.

Ich freue mich, dass ich Mitglied im IWC Niederelbe sein kann. Für mich ist es eine persönliche Bereicherung. Es hat mein Selbstvertrauen gestärkt und größeren Aufgaben trete ich jetzt mit mehr Gelassenheit entgegen.

Elke Weinhold
Präsidentin 2010 - 2011
IWC Herzogtum Lauenburg

Die Idee von Inner Wheel überzeugte

Mein Name ist Elke Weinhold. Derzeit bin ich die Präsidentin des IWC Herzogtum Lauenburg. Unsere Distriktspräsidentin Luzia Hagenmüller hat mich gebeten, die folgenden fünf Fragen im Rahmen eines Kurzvortrags zu beantworten:

1. Wie alt waren Sie beim Eintritt bei Inner Wheel?

Beim Eintritt bei Inner Wheel war ich 47 Jahre alt.

2. Warum sind Sie Inner Wheel beigetreten?

Noch vor drei Jahren sagte mir Inner Wheel nicht viel. Für mich war es eine Vereinigung von Frauen, die zum Beispiel Krankenhausbesuche bei alleinstehenden Patienten ableisten. Davon berichtete mir eine frühere Inner Wheelerin des ehemaligen Inner Wheel Club Oldenburg/Holstein, die erste Inner Wheelerin, die ich bewusst als solche kennenlernte.

Als unsere spätere Gründungspräsidentin Christine Knoth im Frühjahr 2008 fragte, ob ich Interesse an der Gründung eines Inner Wheel Clubs hätte, sagte ich spontan zu. Ohne genauere Kenntnisse über Inner Wheel sah ich jedenfalls die Chance, in einem neu gegründeten Service Club von Anfang an gestaltend mitwirken zu können.

Erste konkrete Kenntnisse über Inner Wheel erlangte ich bei einer Informationsveranstaltung am 16.06.2008 durch die damalige Gründungsbeauftragte Claudia Hohrein. Sie informierte über soziale Tätigkeiten, Vorträge und die Organisation von Inner Wheel. Als Schwerpunkt arbeitete sie die Freundschaft unter Inner Wheelerinnen heraus und berichtete, wie Inner Wheel sie in einer schweren Lebenskrise aufgefangen hatte. Dieser Aspekt ihrer Schilderungen war für mich damals nur von untergeordneter Bedeutung, mir war es wichtiger, mich gemeinsam mit anderen sozial zu engagieren. Die Idee von Inner Wheel überzeugte 14 der Anwesenden, so dass wir noch am selben Abend den IWC Herzogtum Lauenburg gründeten. Ich ließ mich zur Vizepräsidentin wählen, um von Anfang an im Vorstand gestaltend mitwirken zu können.

Das waren vor zweieinhalb Jahren meine Gründe, Inner Wheelerin zu werden. Rechnet man die 14 Tage des Rumpfjahres vom 16.06. bis 30.06.2008 mit, so bin ich heute schon im vierten Inner Wheel Jahr und das fünfte Mal bei einer Distriktskonferenz dabei. Weiter habe ich an den Vizepräsidentinnentreffen in Cuxhaven und Hamburg teilgenommen. Bei diesen Veranstaltungen habe ich sehr viel über Inner Wheel erfahren. Ein Grund war sicher, dass es in unserem Distrikt turbulente Jahre waren. So nahmen Christine Knoth und ich nur fünf Tage nach der Gründung an der spannenden Distriktskonferenz in Breitenburg teil und haben dort gleich viel über die Organisation gelernt. Darüber hinaus habe ich bei allen Veranstaltungen viele Anregungen für unseren Club erhalten. Zusammenfassend kann ich sagen, dass ich bislang meine Entscheidung vom 16.06.2008 nicht einen Tag bereut habe.

3. Was ist für Sie interessant an Inner Wheel?

Als Mitglied von Inner Wheel bin ich Teil eines weltumspannenden Netzwerkes. Die Vorstellung, z. B. durch den Verkauf von Kuchen oder Wildbratwürsten ebenso wie viele Frauen in Amerika, Japan oder Indien tätig zu sein, um die Erziehung von Mädchen in Bolivien zu fördern, ist einfach fantastisch.

Aufgrund meiner Mitarbeit in einem Service Club wie Inner Wheel habe ich die Möglichkeit, mit kleinen, oft sehr begrenzten Mitteln durch das gemeinsame Handeln etwas zu bewirken, was andernfalls nicht realisiert werden könnte.

Es gibt viele Möglichkeiten, unentgeltlich für andere tätig zu sein, und das habe ich auch vor meiner Zeit bei Inner Wheel schon häufig getan. Im Laufe der Jahre habe ich allerdings die Erfahrung gemacht, dass es immer dieselben sind, die dabei sind, wenn Hilfe beim Kinderfest im Kindergarten oder im Sportverein benötigt wird, die einen Kuchen für die Schule backen oder sich einen Tag Urlaub nehmen, wenn die Klasse ins Weihnachtsmärchen begleitet werden muss etc. Auch wenn es mir nach wie vor Spaß macht, bei derartigen Veranstaltungen zu helfen, hatte ich in letzter Zeit manchmal auch ein Gefühl von Frustration bei dem Gedanken, wie viele Personen solch eine Hilfe als selbstverständlich ansehen.

Mein soziales Engagement bei Inner Wheel unterscheidet sich insofern von einer derartigen Tätigkeit, als wir uns nicht moralisch verpflichtet fühlen, bei Veranstaltungen mitzuhelfen, die in der sicheren Erkenntnis angeboten werden, dass sie ohne fremde Hilfe nicht durchgeführt werden können, sondern uns selbst Gedanken machen, welche Veranstaltungen wir durchführen oder unterstützen können oder wollen.

Erwähnenswert erscheint mir auch ein Gedanke von Luzia Hagenmüller, den sie bei ihrem Besuch in unserem Club geäußert hat: Es bereitet mehr Freude, sich gemeinsam für eine gute Sache zu engagieren, als allein für den gleichen Zweck einen Scheck auszustellen.

Damit komme ich zu dem Aspekt, der mittlerweile auch für mich der wichtigste Grund für meine Freude an der Mitgliedschaft bei Inner Wheel ist: die Freundschaft. Unser Inner Wheel Club hat jetzt 28 Mitglieder, drei davon sind erst vor wenigen Tagen beigetreten. Von den übrigen 24 kann ich sagen, dass es meine Freundinnen sind, und ich bin überzeugt davon, dieses auch bald von unseren drei neuen Mitgliedern sagen zu können. Viele dieser Freundinnen habe ich früher nicht gekannt, denn unser Club erstreckt sich über einen Bezirk, in dem es drei Rotary Clubs gibt, die sogar zu unterschiedlichen Distrikten gehören (1890 und 1940). Auch über unseren eigenen Club hinaus habe ich durch Inner Wheel neue Freundschaften geschlossen und interessante Frauen kennen gelernt. Schon bei der ersten Distriktskonferenz nur wenige Tage nach unserer Gründung haben Christine Knoth und ich die herzliche Aufnahme in die Inner Wheel Familie erfahren, und zu dieser Erkenntnis konnten alle unsere Clubfreundinnen gelangen, die bei der Charterfeier Gelegenheit hatten, andere Inner Wheelerinnen kennen zu lernen.

4. Wie lassen sich Beruf, Kinder und Inner Wheel vereinbaren?

Nach meinem Dafürhalten ist das in erster Linie eine Frage der Planung und Organisation sowie des Setzens von Prioritäten. Ich bin Richterin und habe zwei Töchter im Alter von zehn und achtzehn Jahren. Von Anfang an habe ich dafür Sorge getragen, dass an meinem Sitzungstag (in der Regel einmal in der Woche) jemand für den Fall zur Verfügung steht, dass eines der Kinder krank wird und betreut werden muss. So habe ich noch nie eine Sitzung ausfallen lassen müssen, weil ein Kind krank war. Andererseits ermöglicht es mir mein Beruf, den ich unter anderem auch deshalb gewählt habe, an jedem Tag, an dem ich keine Sitzung oder Anhörung habe, die Arbeit sofort zu unterbrechen und nach Hause zu fahren bzw. gleich zu Hause zu bleiben, wenn ein Kind mich benötigt, weil ich mir meine Arbeit frei einteilen kann. Darüber hinaus habe ich bei ungeplanten beruflichen Erfordernissen, z. B. einer Haftsache, immer einen

Vertreter, der für mich einspringen kann, wenn ich zu Hause unabkömmlich bin. Termine und Veranstaltungen für und mit Inner Wheel sind in der Regel lange im voraus bekannt und damit planbar, so dass ich dafür Sorge tragen kann, dass meine jüngere Tochter nicht allein ist.

5. Wie soll man junge Frauen von Inner Wheel begeistern?

Man muss den Frauen mitteilen, dass sich durch das große Netzwerk von Inner Wheel Probleme oftmals leichter lösen lassen. So kann man über Inner Wheel zum Beispiel auch Nicht-Mütter oder Nicht-mehr-Mütter über die Nöte eines Kindergartens oder einer Schule informieren und mit ihnen gemeinsam helfen.

Man muss den Frauen mitteilen, dass es Spaß macht bei Inner Wheel gemeinsam sozial tätig zu sein, weil man eigene Projekte und Ideen entwickeln kann.

Man muss den Frauen mitteilen, dass man bei Inner Wheel interessante Vorträge hören kann und zwar ähnlich wie bei einem Theater-Abonnement oft auch zu Themen, für die man sich zunächst nicht so sehr interessiert, dass man auch ohne Inner Wheel dorthin gegangen wäre.

Man muss den Frauen mitteilen, dass man bei Inner Wheel viele Freundschaften schließen kann - auch auf internationaler Ebene.

Man muss den Frauen mitteilen, dass sich Inner Wheel von anderen Service Clubs wie Rotary oder den Soroptimisten dadurch unterscheidet, dass keine Qualifikationen im Hinblick auf die Tätigkeit oder Ausbildung vorausgesetzt werden. Das hat zur Folge, dass einerseits keine Frau gefragt wird, ob sie Mitglied bei Inner Wheel werden möchte, weil sich der Club daraus einen Imagegewinn verspricht, sondern nur, weil man sie gern als Freundin gewinnen möchte und andererseits keine Mitglied bei Inner Wheel ist oder wird, weil sie sich Vorteile beruflicher oder gesellschaftlicher Art dadurch verspricht, sondern die Mitgliedschaft bei Inner Wheel uneigennützig ist, um etwas Gutes zu tun.

Bei unserer Gründungsveranstaltung sagte unsere Freundin Gerda Jung: Wenn sich zwölf oder mehr Frauen finden, die gemeinsam etwas Gutes tun wollen, dann sollen sie diesen Club gründen. So ist es geschehen, und ich hoffe, dass es so noch viele Male geschehen wird.

Elisabeth Dörner
IWC Hamburg

Gerade die unterschiedlichen Themen der Vorträge machen für mich den Charme der Treffen aus

Auch ich wurde gebeten, einige Worte über meinen Eintritt und die Motivation, bei Inner Wheel mitzumachen zu sagen. Bevor ich aber dazu komme, möchte ich erst einmal einige Worte über mich sagen.

Mein Name ist Elisabeth Dörner, ich bin 39 Jahre alt und seit nun 8 Jahren verheiratet. Wir haben zwei Kinder von 1 und 3 Jahren und ein weiteres ist unterwegs. Mein Ältester ist durch eine extreme Frühgeburt behindert und geht nun in einen Heilpädagogischen Kindergarten.

Mein Mann und ich sind 2007 nach Hamburg gezogen. Zuvor haben wir in Frankfurt studiert und gearbeitet. Dort ist nach wie vor mein Arbeitgeber, zurzeit bin ich noch im Mutterschutz oder anders ausgedrückt: Ich bin also Vollzeit Mutter und Hausfrau.

Rotary kenne ich bereits aus meiner Kindheit, denn Freunde meiner Eltern waren Mitglieder und wir hatten im Rahmen des Rotary Austausch Programms für einige Monate eine Neuseeländerin bei uns wohnen. Dies veranlasste mich während meiner Banklehre in Bielefeld, wenn auch kurz, bei Rotaract aktiv zu werden.

Inner Wheel lernte ich aber erst über meine Schwiegermutter Elke Dörner kennen, die immer wieder gerne und mit Begeisterung von ihren Inner Wheel Aktivitäten berichtete.

Aber erst als wir vor nun gut 3 Jahren nach Hamburg kamen, interessierte ich mich mehr für das Clubleben von Inner Wheel. Hinzu kam, dass ich auch schon einige Freundinnen aus dem Hamburger Club meiner Schwiegermutter kennen gelernt hatte.

Doch es war Luzia Hagenmüller, die mich dann zu Inner Wheel brachte.
Sie organisierte einen Teenachmittag für junge Inner Wheelerinnen und solche, die es werden könnten..
Hierzu waren einige Interessierte, aber auch einige junge Inner Wheelerinnen des IWC Hamburg bei Luzia zu einer gemütlichen Teerunde eingeladen. Nach einer anregenden Plauderrunde, lernte ich in diesem „geschützten" Raum unter Gleichgesinnten und Gleichaltrigen mehr über Inner Wheel und auch schon etwas die Strukturen kennen.

Es waren aber dann die monatlichen Treffen, die mich zum Bleiben veranlassten. Ich besuchte nach dem Teenachmittag einige Treffen mit Themen, die mich interessierten und fand es sehr anregend daran teilzunehmen.
Deshalb bin ich nun seit 2 Jahren Mitglied beim Inner Wheel Club Hamburg.

Dazu möchte ich aber Folgendes erzählen:
Ich fand und finde, dass man als Hausfrau und Mutter sehr schnell und intensiv nur noch über Kinder & Küche etc. spricht und kaum aus diesem Trott herauskommt. Klar, es ist ja auch ein Thema, das viele Facetten hat und über das man immer sprechen kann... fast wie beim Wetter. Gerade aber auch als Mutter eines behinderten Kindes zieht man sich schnell in einen Elfenbeinturm zurück, man sieht nur die dortigen „Herausforderungen" und kommt nur schwer aus diesem Kreislauf heraus.

Auch kommt hinzu, dass man viel um die Ohren hat und die tägliche Lektüre von Zeitung etc. manchmal kaum zu schaffen ist.
Hier kann Inner Wheel eine wundervolle Ergänzung sein, um einerseits auch über etwas anderes als die Kinder zu sprechen, aber auch Wissen zu sammeln und andere Themen näher gebracht zu bekommen.

Ich habe auch die Erfahrung gemacht, dass es eigentlich immer möglich ist, sich den einen Nachmittag im Monat freizumachen und so eben doch rauszukommen aus seinem Trott.
Die Treffen waren und sind für mich immer wieder eine Bereicherung. Diese Gemeinschaft aus gleichgesinnten Freundinnen, das herzliche Miteinander bei den Nachmittagen sind jedes mal die Zeit wert, die man dort investiert.

Es sind dabei insbesondere immer wieder die Vorträge, die mit ihrem weiten Spektrum, abhängig von der jeweiligen Präsidentin, Vielfältiges zu bieten haben. So habe ich in der kurzen Zeit spannende Vorträge mit kulturellem (Vortrag über einen bekannten Künstler), sozialem (über ein Kindermuseum), juristischem (das neue Scheidungsrecht) und wirtschaftlichem (das Teegeschäft) Hintergrund, sowie dem Internet (Zeitung im 21 Jahrhundert) gehört und auch mal mit diskutiert.

Gerade die unterschiedlichen Themen der Vorträge machen für mich den Charme der Treffen aus.

Darüber hinaus sind es Stunden, die mich herausziehen aus dem normalen Alltag, was z.B. schon damit anfängt, dass es für mich auch bedeutet, mich mal wieder in „Schale" zu werfen. Aber vor allem schätze ich, dass man auf andere Gedanken kommt, denn man sieht und hört, dass die Welt vielfältige Themen zu bieten hat.

Leider reicht die Zeit noch selten, um an weitergehenden Aktivitäten teilzunehmen, doch hier hoffe ich auf die Zeit. Schließlich soll mein Clubleben nicht so bald enden.

In diesem Zusammenhang auch ein Tipp: Morgens haben Mütter oft mehr Zeit, sind doch die Kinder im Kindergarten und/oder in der Schule, also sind Aktivitäten, die an einem Vormittag stattfinden oder zumindest eine kinderfreundliche Zeit haben, für uns leichter zu organisieren, bzw. besteht eher die Möglichkeit daran teilzunehmen.

So versuche ich z.B. wieder, bei unseren jährlichen Basarvorbereitungen teilzunehmen und ich habe vor, auch aktiv beim Verkauf zu helfen.

Ich finde das Clubleben spannend und habe viel Spaß daran, auch wenn ich nicht an allem teilnehmen kann. Hier habe ich auch noch ein Ass im Ärmel: Meine Schwiegermutter. Sie ist seit Bestehen des Clubs dabei, kennt sich also mit Inner Wheel aus und nimmt auch an vielen Aktivitäten teil.

Oft habe ich gehört, dass man seine Tochter/Schwiegertochter weder zu Inner Wheel drängen will noch ihr dazu raten möchte. Ich kann es aber nur empfehlen!
Gerade weil man als „Junges Mitglied" vielleicht noch nicht so viel Zeit hat oder die Strukturen noch nicht so gut kennt, ist eine erfahrene „Freundin" sehr hilfreich.
So erzählt mir meine Schwiegermutter oft von den verschiedenen Aktivitäten, an denen ich nicht teilnehmen konnte. Als besonderes Beispiel ist da die „Rallye Charlemagne" zu nennen, von der sie nicht nur mir sondern auch dem Club mit großer Begeisterung berichtet hat.

Aber es bringt uns auch näher zusammen. Mein Verhältnis zu ihr ist und war schon immer gut gewesen, aber gemeinsame Unternehmungen fördern noch einmal die Kommunikation und sind ein großer Gewinn für uns beide. Mein Mann ist schon manchmal ein bisschen eifersüchtig, wenn wir mal über Inner Wheel konferieren.

Trotzdem möchte ich hier noch mal Luzia für die gute Idee und Organisation eines Teenachmittags danken, durch den der Wunsch zu Inner Wheel zu kommen, einen kräftigen Schubs bekommen hat. Fühlte man sich doch auf den folgenden Treffen gleich gut aufgehoben und hatte das Gefühl bereits jemanden zu kennen.

Ich hoffe, ich konnte Ihnen einen kleinen Einblick in meine Motivation, zu Inner Wheel zu kommen, geben und hoffe, dass ich mit meinem Bespiel andere motivieren kann auch am Clubleben teilzunehmen.

Anhang

„**Inner Wheel** stellt die Freundschaft und den Dienst am Nächsten in den Vordergrund. Dabei geht es nicht vordringlich darum, Gelder aufzubringen, sondern jeder Club wählt sich einen eigenen Weg zum Dienst am Nächsten.
Eines der bemerkenswertesten Kennzeichen von Inner Wheel ist, dass den Mitgliedern in aller Welt die Gelegenheit geboten wird, einander kennen zu lernen. So können internationale Freundschaft und gegenseitiges Verständnis gefördert werden.
In bestimmten Abständen finden I.I.W. Konferenzen statt. Jedes Mitglied kann daran teilnehmen und Rotarier sind stets willkommen.

International Inner Wheel verbindet Mitglieder in Clubs in Europa, Afrika, Indien, den Philippinen, Australien, Neuseeland, den Vereinigten Staaten und Kanada - um nur einige zu nennen.
Die Mitglieder können miteinander verkehren, indem sie Briefe austauschen, sich gegenseitig besuchen und in internationalen Projekten zusammenarbeiten. Die Besuche der Weltpräsidentin bringen die Mitglieder einander näher, denn dabei erfahren sie von Inner Wheel Aktivitäten in völlig verschiedenen Teilen der Welt. Die Clubs leisten ihren Dienst sowohl im eigenen Umfeld als auch über die nationalen Grenzen hinaus.
Um die Bedeutung und die Traditionen von Inner Wheel voll würdigen zu können, muss man natürlich die Idee, den Einsatz und den Weitblick unserer Gründungspräsidentin mit einbeziehen, aber auch all derer gedenken, die nach ihr die Führungsaufgaben so gut wahrgenommen haben.
Die Wurzeln von International Inner Wheel reichen zurück in das Jahr 1934, als die "Vereinigung der Inner Wheel Clubs in Großbritannien und Irland" gegründet wurde. Gründungspräsidentin war Mrs. Oliver Golding, Sekretärin Mrs. Nixon, beide Mitglieder des Clubs Manchester in England. Sie erkannten, dass Einheit Stärke bedeutet, und fassten in

kluger Voraussicht zuerst Clubs zu Distrikten zusammen, um später dann die Distrikte in eine Nationale Vereinigung einzubinden.

Schon sehr früh begann Inner Wheel, sich in Übersee auszubreiten. Ballarat (Australien) Bergen (Norwegen) Napier (Neuseeland) Winnipeg (Kanada) und Port Elizabeth (Südafrika) gehörten zu den ersten Clubgründungen. 1947 wurden die Worte "in Großbritannien und Irland" aus dem Namen entfernt. Inner Wheel wurde bekannt als "Vereinigung von Inner Wheel Clubs".

1962 wurden erstmals Mitglieder aus Ländern außerhalb Großbritanniens und Irlands zur Mitarbeit im Leitungsgremium eingeladen; aber erst 1967, als International Inner Wheel entstand, bot sich qualifizierten Mitgliedern in anderen Ländern die Möglichkeit, Vorstandsmitglied, z.B. Weltpräsidentin, zu werden..." [1]

Emblem [2]

Mehr unter:

www.innerwheel.de

www.innerwheel.com

[1], [2] International Inner Wheel, Constitution and Handbook 2009, Stafford Court, Washway Road, Sale, Cheshire, M33 7PE, UK
Printed in England by Raiseprint Dixon Target, Royd Way, Keighley, West Yorkshire, BD21 3LG - S. 34, 35, 5
(in deutscher Übersetzung erschienen beim Verlag Schürmann + Klagges, Bochum 2009)